Fred Chesneau

Danemark

Photos de Bernhard Winkelmann

CANAL+

MANGO

Le Globe-Cooker au Danemark

Les recettes d'un cuistot sans frontières

Globe-Cooker : le nom est lâché ! Ce faux anglicisme (*cooker* signifiant poêle en anglais) s'est naturellement imposé à moi pour résumer mon métier de cuisinier globe-trotter.

L'idée première est d'explorer un pays au travers de sa cuisine et surtout des gens qui la font. Pousser les portes d'un restaurant, m'inviter à la table du voisin, m'acoquiner avec la mama locale pour glaner des recettes, des tours de main, des associations, mais aussi prendre le temps de partager le quotidien de ces personnes.

Converti très jeune à la *scandinavian way of life* par mon amie d'enfance d'origine danoise, je me devais de faire une escale gourmande dans le plus vieux royaume d'Europe. En toute objectivité, et malgré les a priori de certains, je peux affirmer qu'il existe bel et bien une gastronomie au Danemark et ce, en dépit du fait que les Danois sont les plus gros consommateurs de surgelés au monde ! On dit souvent qu'on reconnaît les meilleurs marins par petit vent. C'est typiquement le cas des Danois qui, de tout temps, ont su composer avec un éventail restreint d'aliments, généré par un climat austère et une insularité de fait. Avant-gardiste dans bien des domaines, notamment celui du bio, cette cuisine est désormais considérée comme l'une des plus saines au monde. Ajoutez à cela une générosité légendaire et un sens inné de la décoration : tous les ingrédients sont réunis pour surprendre votre palais et vos yeux.

Mais que les choses soient claires ! Loin de moi l'idée de vous rendre esclave des fourneaux, telle Stéphane Audran dans *Le Festin de Babette*. Au contraire, je tiens à vous faire apprécier, Danois de cœur que je suis, cette cuisine simple et chaleureuse au travers des 15 recettes familiales qui ont bercé mon enfance.

Velbekomme ! (Bon appétit !)

Fred Chesneau, le Globe-Cooker

Accordons nos violons !

Pas de baratin… Une cuisine danoise – j'entends par là, la pièce où l'on fait à manger –, même si elle sera toujours plus joliment décorée que la vôtre (que voulez-vous, les Danois ont ça dans le sang !), ressemble en tout point à une cuisine française. Malgré tout, quelques petits ajustements ne feront pas de mal…

Partez en spéléo dans vos placards !

Rien de mieux que la cuisine danoise pour remettre au goût du jour votre vieux service de table années 70 et apporter l'ultime *danish touch* à votre dîner. Ajoutez une simple nappe blanche, quelques bougies joliment disposées, et le tour est joué !

La médiocrité se paye deux fois

Adoptez la rigueur scandinave ! Œuvrez de vigilance et d'exigence lors de vos prochains achats d'ustensiles. Certes, ce n'est pas le même prix, mais c'est sur la durée que tout se joue…

Vive la biotitude !

Rassurez-vous, loin de moi l'idée de vous faire la morale et de vous soumettre à la dictature du bio (les Danois, grands importateurs de fruits et légumes, sont mal placés pour nous donner des leçons en écologie !). Malgré tout, rien de comparable entre un saumon sauvage et un saumon d'élevage. N'oubliez pas que la qualité prime sur la quantité…

JÄRN, NYHETEN
DANSKT GEMYT.

FOLKETINGSVALGET I DANMARK
15. FEBRUAR 1977
A 65
K 7
Q 6
V 21
F 7
C 15
B 6
Y 5
Z 26
M 11
E 6

Petite leçon de stylisme culinaire…

Au Danemark, le design ne s'en tient pas qu'au mobilier mais aussi à ce qu'il y a dans l'assiette. Ne dit-on pas que quand c'est beau, c'est déjà bon ? Et puis, entre nous, ce ne sont pas les quelques secondes supplémentaires que vous allez consacrer à cette tâche qui vont faire exploser le chrono…
Deux trucs à retenir pour devenir le « Edward aux mains d'argent » de la cuisine : servez à l'assiette et disposez les aliments au centre de celle-ci en jouant sur le volume.

Mettez-vous au vert !

Non, ce n'est pas un ultime sermon écolo, mais bel et bien ma marque de fabrique, mon p'tit truc à moi, ma botte secrète qui couronnera vos plats avec élégance : la *green touch*… Vous savez, le petit brin d'aneth en plus, le micro-bouquet de persil planté harmonieusement au milieu du plat, la pincée de ciboulette hachée, négligemment jetée au dernier moment. C'est tout bête, mais tellement payant au final !

Soyez « fashion » jusqu'au bout

Imaginez ce que diraient vos amis s'ils vous voyaient toujours habillé de la même manière ou que vous leur serviez inlassablement le même menu. Inconcevable ! Pourquoi en serait-il de même pour l'art de la table ? Allez, faites-vous plaisir et craquez pour ces six petites assiettes qui vous font de l'œil. Tout est dans le détail… c'est aussi ça l'esprit scandinave !

Kesako ?

Cannelle

C'est l'estampille de la cuisine scandinave, en poudre ou en bâtonnets. Pas seulement dans les desserts, mais également dans les plats salés. Croyez-moi, le résultat n'est pas aussi déroutant qu'il puisse paraître...

Gingembre

Les Danois l'utilisent frais ou en poudre. Pas de stress pour en trouver en France. Même les supermarchés de *hard discount* s'y sont mis.

Saumon, patates, cochon : voilà les piliers de la gastronomie danoise. « Facile ! » me direz-vous, pour s'approvisionner. Mais saviez-vous que cette cuisine est fortement marquée par les épices ? Cardamome, girofle, badiane, coriandre, cannelle, gingembre… c'est l'héritage d'un peuple voyageur qui, depuis le Moyen Âge, brave les océans en quête de nouveaux territoires. On fait déjà moins les fiers ! Petit cours (sans prétention) sur les épices…

Clous de girofle et anis étoilé (badiane)

À toutes les sauces ! Les Laurel et Hardy de la cuisine danoise, notamment dans le mythique vin chaud.

Cardamome blanche

Originaire d'Inde, cette épice est utilisée au Danemark dans sa version blanchie. Ça tombe bien, c'est celle-là que vous trouverez au rayon « épices » de tous les supermarchés traditionnels.

Curry

Contre toute attente, ce mélange d'épices arrive de façon transversale dans la gastronomie danoise. Certes pas en dose massive comme dans un curry asiatique, mais plus comme exhausteur de goût dans les sauces et condiments. Prenez de la poudre de curry de Madras ou bien un curry doux.

Herbes aromatiques

Aneth, persil et ciboulette, la triplette gagnante de la cuisine danoise ! En vente toute l'année sur les marchés et en grandes surfaces.

DANEMARK
10-11

Aquavit

L'aquavit est au Danemark ce que la vodka est à la Russie et le schnaps à la Suède. Bon à savoir si vous ne voulez pas froisser les susceptibilités... Habituellement de teinte jaune, elle est obtenue par distillation de la pomme de terre, puis parfumée avec des épices : carvi, cumin, anis, aneth, coriandre... Elle se trouve chez tous les cavistes. Idéale pour accompagner un dîner de fêtes, mais à vos risques et périls pour le réveil difficile...

Recettes

Gravlax

Ça commence bien ! Me voilà en train de vous délivrer une recette qui est d'origine suédoise et non danoise ! Mais que voulez-vous, c'est plus fort que moi tant ce saumon mariné est d'une simplicité déconcertante et d'une saveur exquise. J'espère que mes amis danois me pardonneront cet écart…

Préparation : 20 minutes
Marinade : 72 heures
Sans cuisson

INGRÉDIENTS POUR 6 PERSONNES

- 1 filet de saumon frais de 1,5 kg avec la peau
- 1 cuillerée à café de baies roses grossièrement écrasées
- 2 bottes d'aneth haché
- 10 cl d'aquavit (ou de schnaps, vodka)
- 4 cuillerées à soupe de sucre semoule
- 4 cuillerées à soupe de fleur de sel
- 1 cuillerée à café de poivre grossièrement écrasé

1. Essuyez le filet de saumon à l'aide d'un papier absorbant puis enlevez les arêtes (avec une pince à épiler).
2. Dans un bol, mélangez le sucre, la fleur de sel, le poivre, les baies roses et l'aneth.
3. Déroulez 1 mètre de film transparent sur votre plan de travail. Au centre étalez, sur 50 cm de long, la moitié du mélange.
4. Posez le filet de saumon dessus, peau contre le film. Recouvrez la chair du saumon de l'autre moitié du mélange.
5. Arrosez d'aquavit. Rabattez les bords du film sur le dessus de manière à bien empaqueter le saumon.
6. Déposez le saumon dans un grand plat. Placez une planchette sur le dessus surmontée d'un poids. Réservez au réfrigérateur pendant 72 heures en veillant bien, matin et soir, à retourner le paquet et à vider le jus résiduel.

…

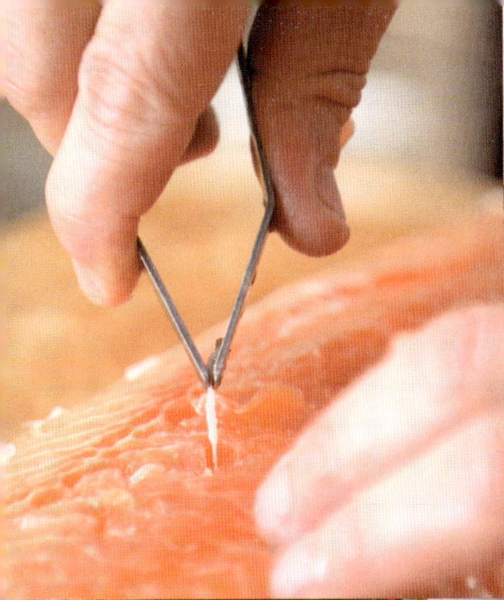

L'ATELIER DE FRED

…

7. Enlevez le film transparent puis essuyez soigneusement le saumon avec un papier absorbant.
8. Tranchez-le très finement en biais.
9. Servez le saumon avec un simple filet de citron, des blinis et un peu de crème fraîche… ou bien, à la scandinave, avec la fameuse « sauce à gravlax » (recette p. 40).

Le petit plus *Une fois le gravlax préparé, vous pouvez le congeler et le découper au fur et à mesure de vos besoins. Ça permet en plus de pouvoir le trancher très finement !*

Tartare aux deux saumons et aux pommes vertes

Toute la sobriété et le raffinement scandinave dans votre assiette ! Seul problème : après cette entrée, plus question de tomber dans la médiocrité pour le reste du dîner... Ça s'appelle mettre la barre haut !

Préparation : 20 minutes + 1 heure au réfrigérateur
Sans cuisson

INGRÉDIENTS POUR 6 PERSONNES

- 200 g de saumon fumé
- 1 pavé de saumon frais
- 1 pomme acidulée (type granny smith)
- 100 g d'œufs de lump + un peu pour la déco
- 1 botte de ciboulette + 1 peu pour la déco
- 1 bouquet de coriandre fraîche + un peu pour la déco
- Le jus de 3 citrons verts
- 5 cuillerées à soupe d'huile d'olive
- Poivre du moulin

1. Hachez les saumons fumé et frais au couteau.
2. Épluchez la pomme et coupez-la en quartiers puis en tout petits dés.
3. Ciselez la ciboulette et la coriandre.
4. Réunissez tous les ingrédients ci-dessus dans un saladier. Assaisonnez de jus de citron vert, d'huile d'olive et de poivre. Mélangez et réservez au frais pendant 1 heure.
5. Au moment de servir, ajoutez les œufs de lump et remuez délicatement.
6. Dressez le tartare dans des petites assiettes à l'aide d'un cercle de présentation (à défaut, une petite boîte de thon ouverte des deux côtés fera l'affaire).
7. Décorez d'œufs de lump, de ciboulette et de coriandre, puis servez.

Le petit plus *Accompagnez ce tartare de mouillettes de pain de campagne grillé.*

Makis scandinaves

Une pure customisation de ma part. Pour un apéro, c'est frais, chic et classe... scandinave, quoi !

Préparation : 45 minutes + 1 heure de repos pour la pâte
Cuisson : 3 minutes par crêpe

INGRÉDIENTS POUR 12 CRÊPES (48 MAKIS)

- 36 crevettes roses (type Madagascar) décortiquées
- 2 pommes granny smith
- 3 œufs
- 200 g d'œufs de lump
- 2 bottes de ciboulette
- 2 bottes d'aneth
- 250 g de farine
- 60 cl de lait entier
- 1 cuillerée à soupe de crème fraîche épaisse
- 25 g de beurre
- 2 cuillerées à soupe de sucre semoule

Pour la sauce

- 1 cuillerée à soupe de gingembre râpé
- 1 cuillerée à soupe de vinaigre de riz blanc
- 2 cuillerées à soupe de sauce soja
- Le jus de 1 citron vert
- 2 cuillerées à soupe d'huile d'olive
- 1 cuillerée à soupe de sucre en poudre

1. Préparez la pâte à crêpes : faites fondre le beurre dans une casserole à feu doux (ou au micro-ondes). Dans un saladier, à l'aide d'un fouet, mélangez les œufs avec la farine et le sucre. Ajoutez la crème fraîche épaisse, puis versez 50 cl de lait petit à petit en fouettant (la pâte doit être onctueuse mais pas liquide). Incorporez le beurre fondu. Réservez la pâte au frais pendant 1 heure.
2. Si nécessaire, ajoutez un peu du reste de lait à la pâte pour l'assouplir (elle a tendance à s'épaissir au repos).
3. Faites chauffer une poêle antiadhésive à feu moyen. Versez 1 louche de pâte, suffisamment pour qu'elle nappe toute la poêle. Laissez cuire 2 minutes environ à feu moyen (elle doit pouvoir se décoller de la poêle). Soulevez les bords avec une spatule puis retournez la crêpe. Faites cuire encore 1 minute. Réalisez ainsi les autres crêpes.

...

…

4. Taillez les pommes en quartiers puis en fins bâtonnets. Effeuillez l'aneth. Coupez chaque crevette en deux dans l'épaisseur.
5. Confectionnez les makis : déposez 1 crêpe dans une grande assiette. Placez, dans la partie inférieure, 6 demi-crevettes les unes à côté des autres. Recouvrez-les de brins de ciboulette et de feuilles d'aneth. Recouvrez le tout de bâtonnets de pommes et d'œufs de lump. Roulez la crêpe sur elle-même. Mettez-la sur une planche (la « couture » en dessous) et coupez-la en 4 tronçons.
6. Renouvelez l'opération avec les autres crêpes.
7. Dans un bol, mélangez tous les ingrédients de la sauce. Versez-la dans plusieurs ramequins individuels.
8. Trempez les petits rouleaux dans la sauce et régalez-vous !

Le petit plus *Vous pouvez remplacer les crevettes par des chutes de saumon fumé.*

Hot-dog comme à Copenhague

La première chose que je fais quand j'arrive au Danemark ? Je me précipite sur les quais du port de Nyhavn pour engloutir un de ces délicieux hot-dogs... Immersion immédiate assurée !

Préparation : 5 minutes
Cuisson : 5 minutes

Ingrédients pour 6 personnes

- 6 petits pains à hot-dog (dans de nombreux supermarchés) ou 6 pains au lait
- 6 saucisses de Francfort
- 3 grosses échalotes
- 3 gros cornichons aigres-doux (type molossol, en supermarchés)
- Moutarde douce ou Savora®
- Ketchup
- 20 cl d'huile de tournesol

1. Préchauffez le four à 150 °C (th. 5).
2. Pelez et hachez les échalotes. Faites chauffer l'huile dans une sauteuse, puis faites frire les échalotes 2 minutes environ à feu vif en remuant constamment jusqu'à ce qu'elles soient dorées. Égouttez-les sur du papier absorbant.
3. Faites pocher les saucisses 5 minutes dans un grand volume d'eau bouillante.
4. Pendant ce temps, réchauffez les petits pains 5 minutes environ au four.
5. Composez ensuite vos hot-dogs : coupez les cornichons en rondelles. Fendez le pain en deux en prenant soin de ne pas aller jusqu'au bout. Placez 1 saucisse au centre et disposez 5 rondelles de cornichon par-dessus. Ajoutez un trait de ketchup et de moutarde. Parsemez d'échalotes frites et dégustez sans attendre !

Le petit plus *Comme les Danois, fêtez les plus longs jours de l'année en grillant sur barbecue saucisses et petits pains à l'occasion de la Saint-Jean.*

Smørrebrød

Les fameuses tapas scandinaves ! Comme nos tartines, il en existe des centaines, mais ces quatre-là sont mes préférées. Idéales pour un petit « ego-trip » à la pause déjeuner…

Préparation : 3 minutes par tartine
Sans cuisson

INGRÉDIENTS POUR 4 TARTINES

Pour le Bornholm

- 1 tranche de pain de mie complet grillé
- 100 g de crevettes roses scandinaves surgelées
- 1 rondelle de citron pour la déco
- 4 brins de ciboulette
- 1 cuillerée à soupe de mayonnaise

Pour le Jutland

- 1 tranche de pain de mie blanc grillé
- 100 g de pâté de campagne
- Quelques rondelles de cornichons aigres-doux (molossol)
- 1 petite rondelle de betterave pour la déco

Pour le Seeland

- 1 tranche de pain noir
- 100 g de crevettes grises
- 1 brin d'aneth pour la déco
- 1 cuillerée à soupe de mayonnaise mélangée à 1 pincée de curry de Madras (+ 1 noisette pour la déco)

Pour le Baltique

- 1 tranche de pain polaire
- 100 g de saumon fumé
- 1 noisette d'œufs de lump pour la déco
- 1 cuillerée à café de crème fraîche épaisse

1. Composez les tartines en vous inspirant de la photo. Dégustez-les en solo ou à l'apéro avec vos amis.

Millefeuilles au saumon

La très grande classe ! En plus d'être délicieuse, cette recette est d'une simplicité déconcertante. À vous de juger…

Préparation : 40 minutes
Cuisson : 5 minutes

INGRÉDIENTS POUR 6 PERSONNES

- 300 g de saumon fumé coupé en morceaux
- 6 feuilles de brick
- 100 g d'œufs de saumon
- 6 brins d'aneth
- 1 cuillerée à soupe de mascarpone
- 1 cuillerée à café de wasabi
- 20 cl de crème liquide entière
- 100 g de beurre demi-sel

1. Préchauffez le four à 200 °C (th. 6-7).
2. Dans un saladier, montez en chantilly la crème liquide avec le mascarpone et le wasabi. Réservez au frais.
3. Faites fondre le beurre dans une casserole (ou au micro-ondes).
4. Dans les feuilles de brick, avec un emporte-pièce (ou un verre et un petit couteau) découpez 36 disques de 10 cm de diamètre. Badigeonnez 6 disques de beurre à l'aide d'un pinceau. Disposez 1 brin d'aneth au centre de chacun puis recouvrez d'un second cercle. Badigeonnez-le également de beurre fondu.
5. Renouvelez l'opération deux fois sans incorporer de brin d'aneth. Au final, vous obtenez 18 palets (dont 6 avec aneth).
6. Enfournez tous les palets et laissez cuire 5 minutes environ jusqu'à ce qu'ils soient bien dorés.
7. Juste avant de servir, confectionnez les millefeuilles selon l'ordre suivant : palet de brick sans aneth – chantilly au wasabi – morceaux de saumon – œufs de saumon – palet de brick sans aneth – chantilly – morceaux de saumon – œufs de saumon – palet de brick avec aneth. Régalez-vous !

DANEMARK 28-29

Le petit plus *Attention, le wasabi a un effet à retardement dans le palais ! Il prend toute sa puissance quelques secondes après l'avoir goûté. Alors, mollo sur les doses !*

Soupe de la Reine Margrethe II

Giscard en pinçait pour les œufs mimosa, Mitterrand était fou de confit de canard et Jacques Chirac était un piqué d'andouillette... À chaque président son plat fétiche ! Au Danemark, c'est cette soupe qui remporte les faveurs de la Reine. Tout comme Sa Majesté, cette soupe ne manque résolument pas de classe !

Préparation : 20 minutes
Cuisson : 20 minutes

INGRÉDIENTS POUR 6 PERSONNES

3 pommes de terre (type bintje)
2 blancs de poireaux
100 g d'œufs de saumon
1 bouquet de persil plat
3 cubes de bouillon de volaille (pour 1 litre)
10 cl de crème liquide
50 g de beurre
Sel, poivre du moulin

1. Dans une casserole, plongez les cubes de bouillon dans 1 litre d'eau. Portez à ébullition et maintenez à feu doux.
2. Hachez grossièrement le persil. Épluchez les pommes de terre et coupez-les en dés. Émincez les blancs de poireaux.
3. Dans une cocotte, faites fondre le beurre puis faites suer les poireaux 3 minutes environ à feu moyen.
4. Réservez 6 belles pincées de persil pour la déco et mélangez le reste aux poireaux.
5. Versez le bouillon dans la cocotte. Ajoutez les pommes de terre et faites cuire à découvert à petits bouillons pendant 20 minutes.
6. Mixez la soupe. Incorporez la crème liquide. Salez et poivrez.
7. Versez la soupe dans des bols. Au centre de chacun ajoutez 1 pincée de persil haché et 1 cuillerée à café bien bombée d'œufs de saumon. Servez aussitôt.

Le petit plus *Pour rafraîchir vos chaudes soirées d'été, servez cette soupe très froide.*

Crevettes croustillantes à la scandinave

Un de mes grands classiques dont je n'arrive pas à me lasser. Plutôt libano-danois que danois pur, mais ne dit-on pas que les Danois sont les Méditerranéens de la Scandinavie ?

Préparation : 25 minutes
Cuisson : 15 minutes

INGRÉDIENTS POUR 6 PERSONNES

- 24 queues de crevettes crues décortiquées surgelées
- 1 paquet de vermicelles kadaïf (en épiceries orientales)
- 3 citrons verts
- 100 g de beurre demi-sel

Pour la sauce d'accompagnement

- 2 cuillerées à soupe d'œufs de lump
- 2 cuillerées à soupe de ciboulette ciselée
- 2 cuillerées à soupe d'aneth haché
- 1 cuillerée à soupe de mascarpone
- 20 cl de crème liquide très froide

1. Préchauffez le four à 200 °C (th. 6-7).
2. Faites fondre le beurre dans une casserole (ou au micro-ondes).
3. Enveloppez les crevettes de vermicelles puis disposez-les sur la plaque du four recouverte de papier sulfurisé. À l'aide d'un pinceau, badigeonnez-les de beurre fondu.
4. Enfournez et laissez cuire 15 minutes environ jusqu'à ce que les crevettes soient toutes dorées.
5. Préparez la sauce : dans un saladier, fouettez la crème liquide et le mascarpone en chantilly. Incorporez la ciboulette, l'aneth et les œufs de lump très délicatement à l'aide d'une maryse (ou d'une spatule). Répartissez la sauce dans des petits ramequins individuels.
6. Dans chaque assiette, disposez 4 crevettes croustillantes et 1/2 citron vert. Placez un ramequin de sauce à côté.
7. Dégustez façon *finger food* : prenez une crevette avec vos doigts, arrosez-la d'un filet de jus de citron vert et plongez-la généreusement dans la sauce. *Enjoy !*

DANEMARK 32-33

Le petit plus *En version luxe, remplacez les œufs de lump par des œufs de saumon.*

Boudins blancs aux pommes caramélisées

L'invité de toutes les tables de Noël au Danemark. Chez nous, on associe plus volontiers les pommes au boudin noir tandis qu'au Danemark on privilégie le blanc. Très intéressant !

Préparation : 20 minutes
Cuisson : 20 minutes (pommes caramélisées) + 6 minutes (boudins)

INGRÉDIENTS POUR 6 PERSONNES

6 boudins blancs	6 cuillerées à soupe de sucre semoule
6 pommes (type boskoop ou reinette)	Fleur de sel
150 g de beurre demi-sel	Poivre du moulin

1. Épluchez les pommes et coupez-les en quartiers.
2. Dans une sauteuse, faites fondre le sucre avec 4 cuillerées à soupe d'eau 5 minutes environ à feu vif, jusqu'à l'obtention d'un caramel bien doré.
3. Ajoutez 100 g de beurre (attention aux projections !) et mélangez avec une spatule en bois jusqu'à ce qu'il ait totalement fondu. Incorporez les pommes et remuez délicatement pour qu'elles s'enrobent bien de caramel. Couvrez et laissez cuire 10 minutes à feu doux.
4. À l'aide d'un petit couteau, retirez la peau des boudins.
5. Dans une poêle antiadhésive, faites fondre le reste de beurre, puis faites dorer les boudins 6 minutes à feu moyen en les retournant très délicatement.
6. Tranchez chaque boudin en 6 tronçons. Disposez un petit tas de pommes caramélisées au centre de chaque assiette et recouvrez de tronçons de boudin. Parsemez de fleur de sel et poivrez à votre convenance.

Le petit plus *Pour le choix des pommes, banissez la granny smith qui se mange crue et la golden, trop farineuse à mon goût.*

Fricadelles au chou rouge confit

L'équivalent de notre steak frites national ! Vous m'en direz des nouvelles...

Préparation : 45 minutes + 1 heure au réfrigérateur (les fricadelles)
Cuisson : 2 h 15 (le chou rouge) + 5 minutes (les fricadelles)

Ingrédients pour 6 personnes (18 fricadelles)

250 g de bœuf haché
250 g de porc haché
2 tranches de pain de mie
1 oignon
10 cl de lait
100 g de farine
4 cuillerées à soupe d'huile de tournesol
Sel et poivre du moulin

Pour le chou rouge

1 kg de chou rouge
1 oignon
4 clous de girofle
2 fleurs d'anis étoilé
1 feuille de laurier
1 bâton de cannelle
3 cuillerées à soupe de gelée de groseille
20 cl de vin rouge
2 cuillerées à soupe de vinaigre de vin rouge
3 cuillerées à soupe de graisse d'oie (ou 75 g de beurre)
1 cuillerée à café de sel

1. Faites confire le chou rouge : pelez l'oignon et coupez-le en petits dés. Émincez très finement le chou.

2. Dans une cocotte, faites chauffer la graisse d'oie puis faites dorer l'oignon 5 minutes environ à feu moyen. Ajoutez le chou et laissez-le perdre totalement son eau de végétation 10 minutes à feu vif. Incorporez ensuite tous les autres ingrédients. Mélangez, couvrez et laissez mijoter 2 heures à feu doux.

3. Préparez les fricadelles : faites tremper le pain de mie 1 minute dans le lait. Pelez l'oignon et coupez-le en petits dés. Faites chauffer 2 cuillerées à soupe d'huile dans une poêle puis faites dorer l'oignon 5 minutes à feu moyen.

DANEMARK 36-37

...

...

4. Dans un saladier, mélangez soigneusement les deux viandes hachées avec l'oignon et le pain essoré. Ajoutez 2 bonnes pincées de sel et 6 tours de moulin à poivre.
5. Façonnez des boulettes de viande en forme de quenelle ou de disque légèrement aplati (3 par personne). Roulez-les dans la farine.
6. Laissez reposer 1 heure minimum au réfrigérateur.
7. Versez le reste d'huile dans la poêle et faites dorer les boulettes de tous côtés 5 minutes environ à feu moyen.
8. Servez les fricadelles accompagnées de chou confit.

DANEMARK 38-39

Le petit plus *Prenez de l'avance en préparant le chou rouge la veille, il n'en sera que meilleur réchauffé.*

Harengs-pommes de terre crémeuses

« Des harengs en conserve et de simples pommes de terre ? On attendait mieux de Fred ! » Halte-là ! Quand vous aurez goûté cette onctueuse salade associée à de fondants harengs marinés, on en reparlera…

Préparation : 20 minutes + 1 heure au réfrigérateur
Cuisson : 20 minutes

Ingrédients pour 6 personnes

- 1 boîte de harengs marinés en conserve (400 g) (dans tous les supermarchés)
- 1 kg de pommes de terre (type ratte de Noirmoutier)
- 1 oignon rouge émincé pour la déco

Pour la sauce d'accompagnement

- 1 jaune d'œuf
- 1 botte d'aneth
- Le jus de ½ citron jaune
- 2 cuillerées à soupe de moutarde de Dijon
- 15 cl d'huile de tournesol
- 1 cuillerée à soupe de sucre semoule
- Sel et poivre du moulin

1. Faites cuire les pommes de terre dans une casserole d'eau bouillante 20 minutes à petits bouillons. Égouttez et laissez refroidir.
2. Pelez les pommes de terre et découpez-les en rondelles. Mettez-les dans un saladier.
3. Préparez la sauce : hachez l'aneth. Dans un bol, mélangez la moutarde, le jaune d'œuf et le sucre. Incorporez l'huile petit à petit et montez la sauce comme une mayonnaise. Ajoutez le jus de citron et l'aneth. Salez et poivrez.
4. Mélangez délicatement la sauce aux pommes de terre et réservez au frais pendant 1 heure minimum.
5. Parsemez la salade de pommes de terre d'oignon émincé et servez-la accompagnée des harengs marinés.

Le petit plus *Cette sauce n'est autre que la fameuse « sauce à gravlax », qui accompagne le gravlax (voir page 14) ou tout autre plat à base de poisson (poisson poché, terrine de mer…).*

Rizalamande

Derrière « rizalamande » (en faisant bien la liaison) il faut lire « riz à l'amande ». Incroyable mais vrai, tous les Danois sont persuadés que cette recette est française ! Et accrochez-vous pour les faire changer d'avis !

Préparation : 20 minutes
Cuisson : 45 minutes

Ingrédients pour 6 personnes

- 150 g de riz rond (type arborio)
- 3 gousses de vanille
- 150 g de poudre d'amandes
- 1 amande entière
- 1 litre de lait entier
- 20 cl de crème liquide entière très froide
- 4 cuillerées à soupe bombées de sucre semoule

1. Versez le lait dans une casserole. Fendez les gousses de vanille et grattez les graines. Ajoutez les graines dans le lait et portez à ébullition.
2. Incorporez le riz dans la casserole, couvrez et laissez cuire 40 minutes à feu doux. Laissez refroidir.
3. Ajoutez 3 cuillerées à soupe de sucre et la poudre d'amandes au riz refroidi.
4. Fouettez la crème liquide avec le reste de sucre en chantilly. Incorporez-la délicatement au riz.
5. Déposez le riz au lait dans une jolie coupe de présentation et plantez au cœur l'amande entière. Réservez au frais jusqu'au moment de servir.
6. Pour un contraste d'acidité et de couleurs, rien de tel en accompagnement que des cerises au sirop ou un coulis de fruits rouges.

DANEMARK 42-43

Le petit plus *L'amande (entière) est le pendant de notre fève pour la galette des rois. Celui qui tombe dessus a droit à un petit cadeau…*

Aebleskivers

L'ami du goûter scandinave ! Ces beignets en forme de balles de ping-pong font la joie de tous les petits Danois à l'occasion des jours de pluie et de grand froid.

Préparation : 15 minutes + 30 minutes de repos
Cuisson : 10 minutes

Ingrédients pour 50 aebleskivers

- Le zeste de 1 citron
- 500 g de farine
- 30 g de levure de boulanger délayée dans 2 cuillerées à soupe de lait
- 6 œufs
- 50 cl de lait
- 200 g de beurre
- 3 cuillerées à soupe de sucre semoule
- Huile de tournesol

1. Versez le lait dans une casserole. Ajoutez le beurre et laissez-le fondre à feu doux.
2. Hors du feu, ajoutez la farine et mélangez au fouet. Incorporez les œufs les uns après les autres. Ajoutez le zeste de citron, le sucre et la levure, puis mélangez. Couvrez et laissez reposer 30 minutes.
3. Faites chauffer le poêlon à aebleskivers* et huilez-le. Remplissez les alvéoles de pâte et laissez cuire 30 secondes. Retournez-les à l'aide d'une fourchette ou d'une aiguille à tricoter et faites cuire encore 30 secondes.
4. Servez ces beignets accompagnés d'une assiette de sucre glace et de confiture de fraises.

DANEMARK
44-45

Le petit plus ** Bizarrement, on trouve ce type de poêlon dans les supermarchés asiatiques. Sinon, votre gaufrier habituel fera amplement l'affaire…*

JÄRN, NYHETEN
ANSKT GEMYT.

Gâteau de Noël

L'équivalent de notre bûche de Noël, en beaucoup moins écœurant et surtout mille fois moins compliqué à réaliser.

Préparation : 30 minutes
Cuisson : 30 minutes

Ingrédients pour 6 gâteaux individuels

- 2 kg de pommes
- 4 gousses de vanille
- Quelques fruits rouges (pour la déco)
- 4 cuillerées à soupe de poudre d'amandes
- 4 cuillerées à soupe de poudre de noisettes
- 4 cuillerées à soupe de chapelure
- 1 cuillerée à soupe de mascarpone
- 40 cl de crème liquide entière très froide
- 100 g de beurre
- 5 cuillerées à soupe de sucre semoule

1. Dans une poêle, faites fondre 50 g de beurre. Ajoutez les poudres d'amandes et de noisettes, la chapelure et 4 cuillerées à soupe de sucre. Faites dorer en mélangeant 10 minutes à feu moyen jusqu'à l'obtention d'un sable brun. Réservez.
2. Pelez et épépinez les pommes puis coupez-les en morceaux. Faites-les compoter dans une cocotte avec le reste de beurre 20 minutes à feu doux. Laissez refroidir.
3. Versez la crème liquide dans un saladier. Fendez les gousses de vanille et grattez les graines. Ajoutez-les à la crème liquide avec le reste de sucre et le mascarpone. Fouettez le tout en chantilly.
4. Garnissez des cercles de présentation (à défaut, des petites boîtes de conserve de thon ou de maïs ouverte de chaque côté) : déposez un peu de compote de pommes dans le fond. Recouvrez de chantilly puis saupoudrez de sable brun. Renouvelez l'opération une ou deux fois suivant le diamètre de vos cercles. Réservez au frais.
5. Au moment de servir, ôtez les cercles, décorez de fruits rouges et régalez-vous.

Danemark 46-47

Le petit plus *Vous pouvez préparer le sable croustillant et la compote la veille. En revanche, la chantilly doit être montée le jour même sous peine qu'elle « cartonne » au réfrigérateur…*

Le bonus de Fred
L'authentique vin chaud danois

Fermez les yeux... Dimanche après-midi, il fait -5 °C dehors, le feu crépite dans la cheminée. Vous attendez avec impatience vos amis pour refaire le monde autour d'un bon vin chaud et de délicieux aebleskivers. Bienvenue dans la scandinavian way of life *!*

Préparation : 10 minutes
Cuisson : 1 heure 10

INGRÉDIENTS POUR 3 LITRES DE VIN CHAUD

- 3 litres de vin rouge (type côtes-du-rhône à moins de 5 euros)
- 10 cl d'aquavit (ou de schnaps, vodka)
- 100 g de raisins secs noirs
- 100 g d'amandes effilées
- Le zeste de 1 citron
- Le zeste de 1 orange
- 3 gousses de vanille
- 5 clous de girofle
- 15 graines de cardamome blanche
- 2 bâtons de cannelle
- 2 fleurs d'anis étoilé (badiane)
- 1 morceau de gingembre frais de 3 cm coupé en trois
- 250 g de sucre semoule

1. Dans une mousseline, déposez les clous de girofle, la cardamome, la cannelle, l'anis étoilé et le gingembre. Fermez-la avec de la ficelle de cuisine comme une petite bourse.
2. Versez le vin et l'aquavit dans une casserole. Plongez la mousseline puis ajoutez les zestes d'agrumes, le sucre, les amandes et les raisins secs.
3. Fendez les gousses de vanille et grattez les graines. Ajoutez-les au vin avec les gousses et faites chauffer à feu vif. Dès que l'ébullition est proche, baissez le feu et faites mijoter à découvert pendant 1 heure.
4. Servez le vin chaud dans de jolies tasses.

Le petit plus *Pour la mousseline, j'utilise tout simplement une compresse de gaze grand format (10 x 10 cm).*

AALBORG